BANQUE NATIONALE IMMOBILIÈRE

PAR L'ÉTAT.

(Extrait du journal *l'Estafette* du 15 mai (1).

De nombreux projets, destinés à combattre la crise financière, ont été adressés au gouvernement provisoire, qui n'a pu en faire l'objet d'un examen sérieusement efficace, par cette force des choses, qui veut qu'avant de penser à conjurer un mal dans ses effets, il faut au préalable savoir le maîtriser dans ses causes. — En d'autres termes, il fallait fonder *l'ordre politique* qui constitue le principe, avant de pouvoir s'occuper utilement de résoudre une question *d'ordre matériel*, si grave qu'elle fût.

Du reste, la consolidation du crédit public est une question qui engage plus encore l'avenir que le présent et qui domine fort souvent la question politique elle-même.

A ce titre, elle prend les proportions d'une question d'ordre social, sur les solutions de laquelle l'*Assemblée nationale* seule pouvait définitivement prononcer.

En présence d'un état de choses qui porte en lui un tel caractère de gravité, une masse considérable de citoyens s'est réunie, a attiré à elle la plupart des auteurs de projets, afin de les fusionner et s'est constituée en société, sous la direction d'un comité composé de 25 membres, qui ont eu la mission d'étudier la question au point de vue pratique et de la présenter à l'Assemblée entière sous la forme d'un projet de décret unique et homogène.

Voulant laisser toute latitude au débat, mais afin d'éviter les convocations directes devenues impossibles en raison du grand nombre de personnes faisant aujourdhui partie de la société, il a été décidé qu'une séance publique se tiendrait régulièrement désormais tous les samedis à une heure, Hôtel-de-Ville, salle Saint-Jean (2).

---

(1) Le journal *l'Estafette* compte parmi ses abonnés un grand nombre de propriétaires. Les fondateurs de la Société des propriétaires a décidé qu'il serait exclusivement chargé d'insérer les comptes-rendus de ses séances et tous ses avis.

(2) Tout citoyen peut faire partie de la société, ou comme fondateur en versant 5 fr. une fois fait, ou comme simple sociétaire en payant 1 fr. par mois. Cet argent est exclusivement destiné à couvrir les dépenses matérielles. Les personnes de Paris ou de la province qui voudront correspondre avec la société, devront adresser leurs lettres, franches de port, à M. Tauxier, président, rue d'Arcole, 2.

Il leur sera envoyé immédiatement :

1° Une carte d'entrée,
2° Un exemplaire de la pétition,
3° L'impression des motifs et le projet de décret.

1848

La société centrale pour la création par l'état d'une banque nationale immobilière est unanimement imbue de cette conviction profonde, que les mesures qu'elle propose ne doivent pas seulement avoir pour conséquence de restaurer le *crédit public* aujourd'hui si profondément ébranlé, mais encore de ramener en peu d'années l'équilibre dans les finances de l'état.

Elle fait du reste appel à la discussion et à la publicité la plus large ; elle va franchement au devant de toutes les questions, et pour le prouver, elle se hâte d'ajouter que son système a fait revivre une question dont le souvenir serait à lui seul une réprobation si les esprits, justement prévenus contre ce qu'on appelle *une émission de papier-monnaie*, voulaient juger, sans préalablement examiner et comparer !

Sans doute la question qui s'agite touche à la susceptibilité publique par un point si grave et si délicat tout à la fois, qu'il suffit de l'aborder pour éveiller des alarmes, et qu'il est impossible de penser à obtenir une solution législative avant que les esprits n'y aient été préparés, que la lumière ne se soit faite et que les préventions les plus pénétrantes n'aient été déracinées.

L'Assemblée nationale elle-même sera-t-elle à l'abri de ces préventions ? Là du moins une discussion approfondie pourra promptement les dissiper.

En attendant cette urgente et solennelle discussion, qu'il soit du moins permis aux délégués de la société centrale, qui depuis deux mois ont étudié ce nouveau système financier, de le livrer à la publicité et de provoquer de la part des journaux et même de la part des clubs une polémique franche et approfondie.

La pensée qui ressort de tous les projets publiés, comme pensée génératrice est celle-ci :

Faire de la propriété immobilière un instrument de crédit, en rattachant au signe du crédit, dans quelque main qu'il passe, la garantie réelle qui s'attache aujourd'hui au contrat de prêt hypothécaire.

La question ainsi posée au sommet de la discussion n'a pas rencontré jusqu'ici et ne paraît pas devoir rencontrer de contradicteurs sérieux ; car il ne s'y agit pas d'autre chose que de rendre la richesse immobilière plus facilement *circulable.*

Ce qui doit étonner, c'est que cela n'ait point encore eu lieu, bien que ce soit une pensée qui ait germé depuis longtemps dans une foule de bons esprits.

Comment hésiterait-on à le faire sans désemparer, dans un moment où la difficulté de la circulation du numéraire est devenue un sujet de préoccupation générale et, disons-le, d'alarmes trop bien justifiées.

Dans l'application, toutefois, une divergence marquée s'est produite et demande à être signalée dès l'abord. Les uns veulent restreindre l'institution dans les limites d'un établissement *privé*, fonctionnant soit comme similaire, soit comme annexe de la Banque de France, et qui serait placé sous la tutelle de l'état, ayant avec celui-ci des intérêts connexes quoique essentiellement distincts et séparés les uns des autres.

Parmi ceux là, plusieurs voudraient encore que les billets qui seront livrés à la circulation *portassent intérêt* et ne restassent pas, selon leur expression, *improductifs.*

D'autres, au contraire, y voient les élémens d'une institution qui ferait entrer dans une sphère de solidarité tous les intérêts du pays, et qui, à ce titre, ouvrirait une ère nouvelle de prospérité et de grandeur nationales inconnues jusque alors.

Pour ceux-ci, l'institution ne peut résider dans d'autres mains que dans celles de l'état, et le signe du crédit à émettre ne peut être autre chose qu'un signe monétaire pouvant et devant circuler partout et sans obstacle.

Nous croyons ne rien exagérer en ajoutant qu'une institution de crédit, élevée à la hauteur où nous l'apercevons et édifiée d'ailleurs sur des bases offrant toute sécurité, deviendrait bientôt le pivot autour duquel s'opérerait le mouvement de tous les grands intérêts matériels du pays.

C'est ainsi, c'est à ce dernier point de vue que la société fondée à l'Hôtel-de-Ville a envisagé le système au succès duquel est attaché le salut de la France dans les conjonctures actuelles et l'avenir tout entier de l'agriculture et de l'industrie.

Décrivons en peu de mots le mécanisme de la combinaison, afin qu'il n'y ait pas d'équivoque possible sur la manière dont elle doit être comprise par tout le monde :

1º Un *grand-livre* de la dette hypothécaire ouvert *par l'état*, tant à Paris que dans les départemens ;

2º Tout propriétaire d'immeuble, champs, maisons ou terrains, admis à y faire inscrire sa propriété pour sa valeur vénale, à la charge de faire apprécier et fixer préalablement cette valeur par un jury créé *ad hoc;*

3º Faculté pour chaque propriétaire inscrit d'emprunter de l'Etat jusqu'à concurrence des *deux tiers au plus* de la valeur constatée de l'immeuble ;

4º Contrat authentique du prêt fait par l'Etat, qui fournira à qui de droit la somme prêtée en billets dits *de banque immobilière*, au type de 25 fr. à 1,000 fr., lesquels seront extraits d'un registre à doubles souches, énonciatives des immeubles grevés, et dont il sera délivré copie à qui voudra l'obtenir ;

5º Intérêts à servir à l'Etat au taux de 3 0[0 l'an ;

6º Faculté laissée à l'emprunteur de se libérer à volonté en totalité ou par fraction, qui ne pourra être inférieure, par exemple, à 200 fr ;

7º Expropriation publique de l'immeuble en cas de non paiement des intérêts ;

8º Responsabilité de la perte par l'état, si la réalisation du prix de l'immeuble est inférieure à la somme prêtée;

9º A chaque remboursement ou après chaque expropriation, obligation par l'état d'éteindre un nombre de billets égal à celui remboursé, le billet annulé resterait annexé à la minute de la quittance et la radiation de l'inscription ne serait opérée que lorsque le fait de l'annulation aurait été légalement constaté.

Tout officier ministériel, tout agent du pouvoir qui aurait favorisé l'affranchissement de cette formalité commettrait une forfaiture et pourrait être mis en jugement de ce chef.

Traçons maintenant en termes généraux et concis le tableau des avantages *politiques* et *économiques* qui devront découler de cette grande mesure.

1º *Au point de vue politique.* Le principe républicain étant le mode de gouvernement qui doit donner au bien-être général la plus large extension possible , le système qui lui sera le plus sympathique est évidemment celui qui aura pour effet d'augmenter de plus en plus la division de la propriété.

Or, le signe monétaire circulant dans de plus larges proportions, vers quel emploi se dirigera-t-il de préférence? Ce sera inévitablement vers la propriété foncière, parce que c'est celle qui offre le plus de sécurité pour le père de famille, et celle dont les produits sont les moins variables et les moins chanceux. La subdivision du sol s'accroîtra donc en raison directe de l'activité des transactions qui seront la conséquence de cet état de choses.

Par ce moyen, les 8 millions d'hectares de terre qui sont actuellement incultes en France doivent forcément être mises en produit dans un court espace de temps, et vont graduellement enrichir la fortune publique d'un capital de 15 à 20 milliards, à en juger par le prix moyen et actuel de l'hectare de terre cultivé.

2° *Au point de vue économique*. — L'abondance des capitaux amenant la mise en culture et la mise en valeur des 8 millions d'hectares de terre actuellement *improductifs*, provoquant par la même force d'impulsion l'amélioration de toutes les terres , médiocrement cultivées , les travaux agricoles vont nécessairement attirer à eux un grand nombre de bras innoccupés; tous les produits alimentaires surabonderont alors dans notre belle France, ils la garantiront contre le fléau de la disette. — Ils agrandiront le cercle de nos moyens d'échange, soit à l'intérieur, soit à l'extérieur; enfin, ils rendront possible l'accomplissement de ce vœu si solennellement exprimé le 4 mai devant l'Assemblée nationale par le respectable Dupont (de l'Eure), à savoir : qu'il *fallait régler au plus tôt l'action possible et efficace du gouvernement dans les rapports que la nécessité du travail établit entre tous les citoyens et qui doivent avoir pour bases les saintes lois de la justice et de la fraternité.*

Les élémens de la richesse publique étant ainsi développés dans leurs sources les plus fécondes, une juste et large part devra naturellement refluer vers le trésor national, après avoir préalablement activé le mouvement des affaires, créé du travail à l'ouvrier et fécondé toutes les branches de l'industrie, du commerce et particulièrement de l'agriculture.

Nous dirons dans un autre article quelles sont les ressources qui en ressortiront pour le budget des recettes et pour la fortune publique en général; — nous indiquerons les objections qui sont faites, et nous démontrerons leur peu de fondement.

PARIS.— IMPRIMERIE DE BOULE, RUE COQ-HÉRON, 3.

BANQUE NATIONALE IMMOBILIÈRE

PAR L'ÉTAT.

(Extrait du journal *l'Estafette* du 21 mai (1).

Selon nos prévisions, que n'infirmeront pas, nous l'espérons, les investigations les plus rigoureuses, les ressources que *l'Institution d'une banque nationale immobilière*, créera directement ou indirectement au budget de l'Etat, atteindront un chiffre de plusieurs centaines de millions par an. Celles qui en ressortiront au profit des emprunteurs devront se produire parallèlement à celles-là, dans la proportion de 2[5e, puisque le taux de l'intérêt serait abaissé de 5 à 3 0[0.

Nous nous étions promis d'entrer dans des détails de chiffres et de justifier l'exactitude de nos calculs ; mais nous avons dû y renoncer pour le moment. Une préoccupation plus grave nous agite et nous presse ; notre système est attaqué dans sa base ; or, avant d'en tirer des déductions il faut d'abord mettre le principe lui-même hors de contestation.

C'est là la première tâche que nous impose l'urgence, et nous avons hâte de l'accomplir sans retard.

Dans un rapport récent de **M.** *le ministre des finances sur la nécessité de créer l'unité des Banques*; nous lisons ceci :

« Les utopistes en foule et les songes creux de la finance ignorent en- » core que la multiplication indéfinie des instrumens, des signes du cré- » dit est, de toutes les impossibilités, la plus radicale ; qu'une valeur de » crédit n'est une valeur réelle que sous la condition expresse de repré- » senter un objet existant et toujours échangeable : marchandise, espèce, » meuble ou immeuble.

» Le crédit ne crée pas instantanément le capital ; il mobilise le ca- » pital préexistant, le rend transmissible, le féconde et le reproduit.

» Un billet sort d'un établissement de crédit : que vaut-il ? Ce qu'il » représente dans l'opinion de ceux qui le reçoivent ; ni plus ni moins.

---

(1) Le journal *l'Estafette* compte parmi ses abonnés un grand nombre de propriétaires. Les fondateurs de la Société des propriétaires a décidé qu'il serait exclusivement chargé d'insérer les comptes-rendus de ses séances et tous ses avis.

Tout citoyen peut faire partie de la société, ou comme fondateur en versant 5 fr. une fois fait, ou comme simple sociétaire en payant 1 fr. par mois. Cet argent est exclusivement destiné à couvrir les dépenses matérielles. Les personnes de Paris ou de la province qui voudront correspondre avec la société, devront adresser leurs lettres, franches de port, à M. Tauxier, président, rue d'Arcole, 2.

Il leur sera envoyé immédiatement :

1º Une carte d'entrée,
2º Un exemplaire de la pétition,
3º L'impression des motifs et le projet de décret.

» Si, en réalité ou dans l'opinion, il ne représente rien, il ne vaut rien.
» De là suit que la multiplication des valeurs de crédit par delà la som-
» me totale des richesses actuellement ou prochainement réalisables
» n'est qu'une illusion. En les créant on ne crée que des chiffons de
» papier noirci. »

Les mesures financières que nous proposons, pour être bien jugées,
veulent être avant tout bien comprises.

Loin d'être en contradiction directe ou indirecte avec les aphorismes
de M. le ministre des finances, notre système au contraire en consacre
l'application la plus stricte.

Avant donc de décider que nos idées sont de celles qui doivent être
reléguées au rang des utopies, nous prions tous les hommes sensés aux-
quels nous les soumettons, de ne former leur opinion qu'après avoir lu,
comparé, médité et apprécié sans préventions.

Posons à notre tour des doctrines, puisées à une source non moins
respectable et qui ne pourront qu'ajouter à l'autorité de celles émises
par M. le ministre des finances ; voici ce qu'on lit dans un ouvrage fort
remarquable de M. Cieszkowski, ayant pour titre : *Du Crédit et de la
Circulation* :

» S'il y avait un moyen de *dégager*, pour ainsi dire, les vrais capi-
» taux *engagés*, sans leur faire perdre leur caractère de fixité et de pro-
» duction stable, c'est-à-dire sans astreindre leurs propriétaires à s'en
» dessaisir, nécessité qui constitue précisénent, d'après *Adam Smith* et
» *Malthus*, la différence du capital circulant d'avec le capital fixe ; en
» d'autres termes, si les capitaux *fixes* pouvaient *en même temps* servir
» de capitaux *roulans*, et se dédoubler ainsi pour faire face à la fois à
» ces deux fonctions, ce moyen serait le plus grand moteur de l'accu-
» mulation des richesses et présenterait une force énorme au dévelop-
» pement de toute industrie. Or, ce moyen c'est le *crédit* dans sa con-
» ception normale et générale. »

Le but que poursuit l'association de citoyens dont nous sommes ici le
organes, n'est évidemment autre chose que la mise en pratique des
principes que professe l'économiste que nous venons de citer, et dont ne
s'écartent en rien les maximes de M. le ministre des finances lui-même.
En effet :

Ce que nous voulons, c'est que le *crédit foncier* devienne la base d'une
grande *institution nationale* ; ce qui correspond à la pensée fondamen-
tale du citoyen ministre ; à savoir *que le crédit qui mobilise le capital
préexistant le féconde et le multiplie, et qu'il n'y a de valeurs réelles* et
dignes d'être patronées par l'état comme agens publics de circulation
*que celles qui représentent un objet réel et toujours échangeable, mar-
chandise, espèce, meuble ou immeuble.*

Non seulement nous sommes tout à fait dans ces conditions là, mais
hâtons-nous d'ajouter que, pas plus que le citoyen ministre, nous ne
voulons *la multiplication indéfinie des signes du crédit.* Aussi nous
sommes-nons attachés à préserver notre système de deux dangers :
1° de celui qui laisserait aux mains des dépositaires du pouvoir lui-même la possibilité d'abuser du droit qu'ils s'arrogeraient de multiplier à
leur gré le signe monétaire dont nous demandons l'émission ; 2° de celui
qu'il y aurait à ce que le mécanisme de l'institution ne pût pas fonctionner avec mesure et à ce que son action ne pût être graduellement

ralentie ou activée au gré des intérêts généraux et suivant l'impulsion que lui imprimerait l'autorité souveraine.

Mais n'anticipons pas sur la discussion, revenons à la question de principe, c'est là le terrain sur lequel il importe de nous affermir d'abord.

Comme M. Cieszkowski, nous disons et nous demandons que la propriété immobilière qui constitue le capital *fixe* puisse servir en même temps de capital *roulant*.

Qu'elle puisse se dédoubler pour ainsi dire, de telle façon que le capital *stable* qui est l'agent principal *de la production directe* proprement dite, puisse servir simultanément de capital *de roulement* et devienne ainsi l'agent le plus puissant de la *production par le travail*.

Qu'en un mot la propriété serve à deux fins : qu'à côté du capital *passif, productif*, il y ait un capital *actif* mobile, échangeable, disponible à volonté, mais sans que son signe représentatif puisse jamais être affranchi du gage réel et hypothécaire qui s'y rattache et qui fait sa force et sa valeur.

Que pendant que le capital *fixe* fournit *des intérêts*, le capital *circulant* puisse engendrer *des profits*. En d'autres termes, que le capital *fixe* soit fécondé par le capital *roulant*.

Ce sont là des vérités élémentaires bien connues en théorie et dont nous demandons la mise en pratique pour le salut et la prospérité du pays.

C'en est assez sur la question du principe réduite en ces termes ; à savoir : *qu'il est possible et qu'il est opportun de faire de la propriété immobilière un instrument de crédit en rattachant au signe du crédit la garantie réelle qui s'attache aujourd'hui au contrat de prêt hypothécaire*.

Or, s'il est démontré jusqu'à la dernière évidence qu'en rendant *disponibles* et *circulables* des capitaux qui ne l'étaient pas, on élargit la source la plus féconde de la richesse publique, nous le demandons à tous les hommes qui ne sont pas dominés par la prévention, y a-t-il une minute à perdre, en présence des conjonctures actuelles, pour créer et pour fonder la *Banque nationale immobilière* !

Que toutes les voix se joignent donc à la nôtre pour appeler les méditations et les résolutions de l'Assemblee nationale sur cette immense question, notre ancre de salut pour le présent, et le principe de notre prospérité à venir.

La circulation des capitaux *actifs* étant le moyen terme qui rallie la production à la consommation, nous dirons dans un prochain article comment les billets de la banque nationale immobilière pourront être admis à circuler comme signe monétaire, sans que l'on ait à redouter les dangers de leur *multiplication* non plus que les prétendus inconvéniens de leur *improductivité* ; car c'est à ces deux termes que se rattachent les principales objections qui nous sont faites par les hommes de la théorie et par les hommes de la pratique.

Nous terminerons cet article par quelques réflexions qni sortent peut-être à la rigueur de notre sujet, mais en présence des grands intérêts de la patrie, la franchise est un devoir dès qu'il peut en sortir une vérité utile.

« Or, nous craignons fort que la création d'un comptoir national d'escompte, et même celle de l'unité des banques, n'soient pas seulement des moyens impuissans de relever le crédit, mais encore que ces mesures n'aillent précisément en sens inverse du but qu'on s'est proposé.

En matière de finances, et en général dans les questions de chiffres, les considérations politiques sont fort souvent de mauvaises conseillères. M. Garnier-Pagès a pensé que la politique *lui commandait de ne relever aucune des puissances que la monarchie entraînait dans sa chute.* — En conséquence, il a créé un comptoir d'escompte qui, *résumant en soi le triple concours des individus des communes et de l'état, a démocratisé le crédit, en substituant la tutélaire impartialité de la puissance publique aux égoïstes conseils de la puissance individuelle.*

Ce sont là sans doute des sentimens patriotiques fort louables , mais il n'y a rien d'indocile et de résistant comme un chiffre. Or, nous nous trompons fort ou il arrivera ceci : le comptoir national liquidera après avoir fonctionné très peu de temps , et l'on sera probablement trop heureux s'il n'y a de compromis que le capital engagé, tandis que si on *avait relevé par une assistance directe les anciens intermédiaires du crédit,* l'Etat n'aurait vraisemblablement pas perdu une obole de ses avances et il aurait sauvé du désastre les 7[8e des établissemens particuliers de crédit qui ont succombé.

Puisse notre pronostic être une erreur, notre plus cher désir est de nous tromper !

A l'endroit de la banque de France, nous ne dirons que peu de mots : Ce grand et bel établissement de crédit, maintenu dans sa sphère d'action à l'état d'établissement privé, restera fort et prospère et continuera à rendre d'immenses services au pays ; mais s'il était absorbé par l'état en un point quelconque il s'y engloutirait bientôt tout entier. — La raison que nous avons de penser ainsi nous est fournie par M. Garnier-Pagès lui-même ; car, dans son rapport sur l'unité des banques, il émet cette pensée qu'un établissement créé par l'état *doit recevoir du concours de ses institutions politiques sa plus puissante faculté d'expansion ;* apparemment parce que la raison d'état forme et doit toujours former sa règle dominante, tandis qu'un établissement privé n'est jamais dirigé ou dominé que par l'intérêt de sa propre conservation. — D'un côté, c'est *la puissance publique* qui sert de guide ; de l'autre, c'est *la puissance individuelle* qui fait la règle. — Ce sont là deux actions distinctes qui peuvent bien se promouvoir parallèlement, en se prêtant aide et appui mutuel, mais qui sont exposées à se briser si on confond leurs mouvemens.

Les valeurs que la banque de France et tous les établissemens privés en général mettent en circulation sont des valeurs plus ou moins *idéales.* Le crédit qui s'attache à ces valeurs est un crédit *moral et de confiance ;* or, ce qui peut être là une source de profits pour des établissemens privés serait probablement une cause de ruine et de désastre pour un établissement dirigé au compte de l'Etat.

PARIS. — IMPRIMERIE DE BOULÉ, RUE COQ-HÉRON, 3.

BANQUE NATIONALE IMMOBILIÈRE

PAR L'ÉTAT.

(Extrait du journal *l'Estafette* du 24 mai (1).

Nous considérons le principe du *crédit foncier* c'est-à-dire du *crédit réel à gage déterminé*, comme étant mis désormais hors de contestation et comme devant faire la base de la plus belle institution qui ait jamais été fondée en France.

La propriété est la clé de voûte de l'édifice social, elle est le seul agent de production qui soit stable et positif ; en faire un instrument régulier de crédit national, c'est donner à notre jeune République une force et des moyens d'action qui la rendront impérissable.

Le grand-livre de la *dette inscrite* doit son origine à une pensée républicaine ; la conception *d'un grand-livre de la dette hypothécaire* sera l'une des gloires de l'Assemblée nationale de 1848.

Le principe étant ainsi bien posé, cherchons quelle peut être son application la plus sage et la plus féconde.

C'est ici que commence la lutte sérieuse : et d'abord, proclamons-le, la plus grande des difficultés ne peut être aplanie que par la mise à exécution énergique et immédiate du programme politique soumis à l'Assemblée nationale par le citoyen Garnier-Pagès, dans la séance du 15 mai, exprimant si bien ce que nous voulons tous ; à savoir : une République *ferme, honnête et modérée*, c'est-à-dire reposant sur les grands principes d'ordre et de légalité, en dehors desquels il ne serait pas possible de fonder un monument législatif durable.

Trois objections capitales nous sont opposées. Et bien qu'elles soient produites par des hommes considérables dont les noms font autorité dans la science gouvernementale, nous déclarons d'avance que notre confiance pas plus que notre conviction n'en sont pas le moins du monde

---

(1) Le journal *l'Estafette* compte parmi ses abonnés un grand nombre de propriétaires. Les fondateurs de la Société des propriétaires a décidé qu'il serait exclusivement chargé d'insérer les comptes-rendus de ses séances et tous ses avis.

Tout citoyen peut faire partie de la société, ou comme fondateur en versant 5 fr. une fois fait, ou comme simple sociétaire en payant 1 fr. par mois. Cet argent est exclusivement destiné à couvrir les dépenses matérielles. Les personnes de Paris ou de la province qui voudront correspondre avec la société, devront adresser leurs lettres, franches de port, à M. Tauxier, président, rue d'Arcole, 2.

Il leur sera envoyé immédiatement :

1° Une carte d'entrée,
2° Un exemplaire de la pétition,
3° L'impression des motifs et le projet de décret.

ébranlées, assurés que nous sommes, malgré notre insuffisance, de pouvoir triompher par la seule force de la vérité, qui est manifestement de notre côté.

Ces objections peuvent se résumer ainsi .

1° *Danger de multiplier le signe monétaire dans une limite inconnue ;*

2° *Inconvénient de l'improductivité des capitaux qui vont être ajoutés à la circulation dans une aussi large mesure ;*

3° *Incompatibilité de ce système financier avec notre législation hypothécaire actuelle.*

PREMIÈRE OBJECTION.

L'agent spécial de la circulation, c'est le *numéraire*. Celui qui existe *actuellement* se divise lui-même en deux classes : le *numéraire métallique* et la *monnaie de papier*.

Que ceux-là qui s'effarouchent du mot *papier-monnaie*, en ce qu'il se rattache dans leur esprit à un trop malheureux souvenir, se rassurent donc !

Les billets de la banque de France ne sont pas eux-mêmes autre chose qu'une *monnaie de papier* qui équivaut aujourd'hui, dans les relations d'affaires, à du numéraire métallique, parce que nous savons tous que l'établissement de crédit qui est légalement autorisé à les émettre est régi tout à la fois par des lois sages et par des mains aussi sûres qu'habiles.

L'institution nationale que nous demandons à l'état de fonder serait également entourée des garanties de la loi, et de toutes les conditions de prudence, de réserve et de sécurité humainement possibles, il n'y aurait donc pas, quant au fond , de différence entre un tel établissement et celui de la banque de France, si ce n'est que d'une part les garanties seraient réelles, matérielles reposant sur un titre hypothécaire, tandis que de l'autre les garanties ne sont que morales, mobilières, et par conséquent fragiles.

Aucune similitude n'existe et n'est d'ailleurs possible entre des *assignats* créés sur une échelle sans limite, ne reposant que sur un gage d'une nature précaire, — et une *monnaie de papier* pour l'émission de laquelle l'état ne prêtera qu'un concours *passif, circonscrit*, et réglé par des contrats spéciaux dont il serait à la vérité le distributeur responsable, mais sans avoir dans sa main ni la disponibilité du gage immobilier qui y est affecté, ni l'action directe du mouvement des capitaux prêtés.

Nous avons cru devoir reparler ici transitoirement de la *monnaie de papier*, mais par forme d'observation seulement et non à titre d'objection sérieusement discutable, parce qu'à nos yeux, et en présence des garanties que donne notre projet, ce n'est même pas là un argument, ce n'est plus qu'une puérilité.— Nous n'y reviendrons plus.

Nous serions presque tentés de répondre avec le même dédain à ceux qui proscrivent notre système, comme entaché d'utopie, sous prétexte *que la multiplication indéfinie des signes du crédit est de toutes les impossibilités la plus radicale.* — Ce langage a la même valeur que si l'on disait : Proscrivons la liberté, par le motif que, quand on la pousse à ses dernières limites, elle dégénère en *anarchie*, qui est de toutes les impossibilités gouvernementales, la moins tolérable.

Entre la misère qui dégrade et abrutit, et la surabondance des richesses qui souvent déprave et mène à la décadence, il y a la région sagement progressive qui tempère et qui vivifie.

Faisons d'abord que le signe monétaire (*métal ou papier équivalent au métal*) circule en suffisante quantité pour alimenter le crédit public, et quand nous aurons ainsi rendu la vie au corps social épuisé, nous serons les premiers à demander qu'on ne le surexcite pas au-delà de ses forces vitales.

« Le caractère substantiel de la monnaie métallique dit M. Cieszkows-
» ki, c'est d'être *gage parfait* ; celui de la monnaie de papier, c'est d'ê-
» tre *signe parfait*. Il nous faut donc une nouvelle monnaie qui soit en
» même temps *signe et gage parfait*, c'est-à-dire qui réunisse la garan-
» tie intrinsèque des espèces à la circulation parfaite du papier.

Ce sont là les garanties de *valeur réelle* que remplit le gage hypothécaire.

Pour résoudre la difficulté au point de vue de la première objection, il ne resterait donc autre chose à faire qu'à empêcher que le signe monétaire *papier* ne puisse dépasser la mesure normale des besoins de la circulation.

Or, pour atteindre ce but, beaucoup de bons esprits sont d'avis qu'il faut poser dans la loi une limite au chiffre de l'émission.

Nous ne partageons pas cette opinion : il y aurait , selon nous, un double danger à le faire : 1° parce que la loi accréditerait ou paraîtrait accréditer ainsi le monopole, en ce sens, que si toutes les demandes d'emprunt n'était pas satisfaites, elles pourraient devenir un sujet de préférence ou de faveur, ce qui serait une atteinte au principe de l'égalité ; 2° parce que si on prend pour base du chiffre à poser, les besoins présumés et actuels de la circulation , on court grand risque de se tromper ; car devant le champ nouveau, immense, inconnu, que l'ère républicaine et *la mobilisation* des capitaux engagés vont ouvrir à la spéculation et au développement de toutes les branches d'industrie, et surtout à l'agriculture, qui oserait dire quelle sera la limite que l'on pourrait sagement assigner au mouvement des transactions? Citons immédiatement un fait qui fera mieux ressortir la portée de notre assertion. En Angleterre, l'hectare de terre rapporte annuellement, terme moyen, environ 280 fr. En France, au contraire, il ne produit communément que 105 fr. — Où pourrait être le secret de cette différence, si ce n'est dans la puissance des capitaux *circulans?* Soyons donc en mesure de fournir à l'agriculture des capitaux dans la proportion de ses besoins, et nos produits agricoles atteindront bientôt le développement qu'ont obtenu ceux de nos voisins.

Au lieu de poser dans la loi un chiffre à l'émission du numéraire, nous croyons qu'on peut échapper aux inconvéniens que nous venons de signaler en introduisant une disposition au moyen de laquelle on pourra ralentir ou accélérer le mouvement à volonté ;

Ou bien, en réduisant graduellement la quotité de l'emprunt, — ou bien, en suspendant temporairement l'action des prêts jusqu'à ce que des remboursemens se soient opérés dans certaines limites,—ou bien enfin en modifiant le taux de l'intérêt.

Cependant, le dernier moyen ne devrait pouvoir être introduit que très subsidiairement, parce que le premier bienfait que doit amener notre système, ce sera de diminuer l'usure en ramenant généralement le taux normal de l'intérêt au niveau de l'intérêt du prêt par l'état. — Or, ce bienfait-là, il ne faudra s'en dessaisir que quand l'urgence le prescrira au nom d'un intérêt social plus impérieux.

« Les moyens d'échange, nous disent nos adversaires, ne doivent ja-
» mais être supérieurs aux produits du pays, or la production de la Fran-
» ce ne dépasse guères *sept milliards*, par conséquent si l'émission des *billets hypothécaires* excède ce chiffre, elle aura deux dangers : d'ame-
» ner la dépréciation de ce genre de monnaie et de faire monter à un
» prix excessif toutes les marchandises et tous les objets de consomma-
» tion. »

Voici notre réponse à cette argumentation :

Il est évident qu'un développement aussi large du signe monétaire aura pour effet inévitable de produire une grande surexcitation dans les échanges et dans les transactions de toute nature.

Il est évident encore qu'il va sortir de là une activité matérielle et morale dans tous les ressorts du corps social, ou, en d'autres termes, une exubérance de vie, si on peut s'exprimer ainsi, d'autant plus profonde quelle va pénétrer plus avant dans les mœurs et dans les habitudes d'un plus grand nombre d'individus.

Mais, où serait le mal qu'il en fût ainsi? Voulez-vous ou ne voulez-vous pas du principe républicain? voulez-vous ou ne voulez-vous pas de sa conclusion synthétique qui est l'organisation du travail?

Eh bien! c'est dans la fondation de notre système financier que vous trouverez le secret et la solution de ces deux grands problêmes! — Car sans une puissante *institution nationale de crédit*, point d'argent, — sans argent point de travail, — sans moyens d'alimentation du travail, point de République possible!

L'établissement d'*une banque nationale immobilière ou hypothécaire* n'est donc pas une simple nécessité du moment, c'est une nécessité *politique et sociale* désormais inséparable du principe républicain.

Mais plus la portée de la mesure est immense, plus il importe de pou-
voir pondérer et tempérer son action dans la juste mesure des besoins et des intérêts généraux.

Or, nous croyons qu'on peut résoudre cette difficulté avec le secours des moyens dont nous venons d'indiquer l'emploi et qui seront comme un levier placé dans la main de l'Etat, à l'aide duquel le mécanisme de l'institution ne fonctionnera que pour répandre le *bien-être* et pourra être arrêté dès qu'un froissement trop violent compromettrait sa marche.

Notre quatrième article sera particulièrement consacré à la réfutation de la seconde objection, plus grave encore que celle que nous venons de discuter, en ce sens que, tout en adoptant notre principe, on voudrait en faire sortir des billets *portant intérêt* ou *des billets à rentes* que nous repoussons d'une manière absolue. S Crapez.

PARIS.— IMPRIMERIE DE BOULÉ, RUE COQ-HERON, 5.

BANQUE NATIONALE IMMOBILIÈRE

PAR L'ÉTAT.

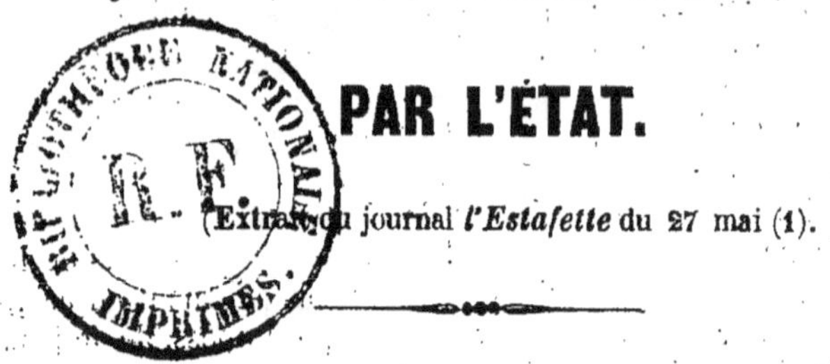

(Extrait du journal *l'Estafette* du 27 mai (1).

L'*improductivité* des billets de la banque immobilière, tel est le mot et le fonds d'idées servant de texte à la seconde objection qui nous est faite.

« Un papier-monnaie, nous dit-on, représente un capital, or, un ca-
» pital qui ne produit rien n'est plus un capital, donc le *billet-mon-
» naie* qui ne porte point intérêt n'a pas de valeur et est une impos-
» sibilité. — Ce n'est plus évidemment qu'une création d'*assignats*,
» dont la valeur serait à l'instant même avilie.

« Si les *billets hypothécaires*, ajoute un autre adversaire, ne produi-
» sent point intérêt, on ne saura qu'en faire — puisqu'on veut les met-
» tre en circulation comme étant la représentation du territoire, il faut
» les rendre *productifs* comme l'est le territoire lui-même — sinon ce
» sera un *capital mort*, un *capital stérile*. »

Cette argumentation est d'ailleurs celle de la plupart des personnes qui, n'ayant point étudié la question, éprouvent de la répugnance pour toute innovation, et notamment pour celle qui, à leurs yeux, a le tort grave de rappeler le régime des *assignats* et *leur cours forcé*.

Le raisonnement que nous venons de reproduire textuellement émane de deux hommes d'une capacité notoire, et d'autant plus compétens pour juger la question, que l'un des deux est représentant du département de la Seine, et très-célèbre par ses connaissances spéciales en économie politique. Hâtons-nous d'ajouter que tous deux sont auteurs de projets, ayant le même point de départ que le nôtre, mais sans analogie avec lui, ni quant à l'application du principe, ni quant aux résultats qui doivent en découler.

---

(1) Le journal *l'Estafette* compte parmi ses abonnés un grand nombre de propriétaires. Les fondateurs de la Société des propriétaires a décidé qu'il serait exclusivement chargé d'insérer les comptes-rendus de ses séances et tous ses avis.

Tout citoyen peut faire partie de la société, ou comme fondateur en versant 5 fr. une fois fait, ou comme simple sociétaire en payant 1 fr. par mois. Cet argent est exclusivement destiné à couvrir les dépenses matérielles. Les personnes de Paris ou de la province qui voudront correspondre avec la société, devront adresser leurs lettres, franches de port, à M. Tauxier, président, rue d'Arcole, 2.

Il leur sera envoyé immédiatement :

1° Une carte d'entrée,

2° Un exemplaire de la pétition,

3° L'impression des motifs et le projet de décret.

1848

C'est une chose digne de remarque, et fort ordinaire d'ailleurs, que la facilité avec laquelle les esprits, même les plus droits, se laissent souvent entraîner à l'erreur, quand une prévention les aveugle ou quand un mobile d'auteur ou de prédilection les domine.

Nous serions bien tentés, pour toute réfutation, d'adresser à nos adversaires cette simple question : *Un écu de cinq francs, un billet de la Banque de France* portent-ils intérêt ! ou sont-ils productifs de leur nature ?... Mais il y a des idées qui sont quelquefois tellement enracinées en nous, même à notre insu, qu'il devient presque impossible de jamais les extirper à fond , quoi qu'on fasse , et de quelque façon qu'on s'y prenne. — Essayons cependant, — et d'abord posons des principes ; c'est la seule manière d'éclairer et de convaincre.

Il y a deux classes de *capitaux pécuniaires* :

1° *Le numéraire,* soit monnaie *de métal,* soit monnaie *de papier.*

2° *Les effets publics et bons au porteur,* tels que rentes , bons du trésor, ou mandats émanés de caisses publiques ou d'établissemens particuliers de crédit. (On devrait même comprendre dans cette catégorie *les billets à rente,* si on parvient à les faire admettre par l'Assemblée nationale.)

Les deux espèces de *capitaux pécuniaires* que nous venons de classer séparément se trouvent dans un rapport *d'opposition absolue.*

Le *numéraire* servant de *signe monétaire* ne produit jamais d'intérêt ; tandis que le caractère dominant de cette autre classe de *capital pécuniaire,* qui comprend en soi toutes sortes d'effets de bourse imaginables, est de porter intérêt.

Pourquoi cela ? c'est que le *numéraire* est un capital essentiellement mobile, dont tout l'avantage consiste dans sa facilité de circulation. — Il est fécond tant qu'il est en mouvement; dès qu'il s'arrête, il perd sa force productive. — La circulation est donc une nécessité qui constitue l'essence de ce genre de capital.

Les capitaux portant intérêt, au contraire, peuvent être impunément inactifs ; la stagnation ne détruit pas leur productivité.

Dans le premier cas, la stagnation nuit au possesseur ; dans le deuxième cas elle lui profite.

Mais par cela même que la stagnation nuit au possesseur du signe monétaire , c'est-à-dire à l'*individualité* , en revanche elle profite à la masse, c'est-à-dire à la *pluralité* , car elle donne forcément aux transactions de toute nature une activité et un essor qu'elles n'auraient pas sans cela.

Un capital improductif est un capital mort ou stérile, dites-vous. — Nous tirons, nous, de cette proposition, une conséquence diamétralement opposée. — Le capital mort, stérile, pour le mouvement des affaires, est celui qui se conserve en portefeuille. — Si les billets hypothécaires, ajoutez-vous, ne portent pas intérêt, *on ne saura qu'en faire.* — Faites-en tout ce que vous voudrez, excepté de les garder en caisse; car, en les retirant de la circulation, vous faites tarir la source des profits, à moins que vous n'y soyez déterminé par une raison comme celle qu'en donne M. de Sismondi, quand il dit : « Chacun sent, en accumulant le numéraire, que c'est un pouvoir condensé qu'il tient dans son coffre-fort. » (Etudes sur l'Econ. pol.)

Remontons maintenant au principe que nous avons posé dans un de nos précédens articles, et on verra que nous sommes conséquens avec nous-mêmes quand nous repoussons radicalement tout système qui tendrait à faire du *billet de banque immobilière* autre chose qu'un signe monétaire ayant un *cours légal*.

Nous comprenons que des esprits timides, inquiets, ennemis de ce qu'ils croient être l'inconnu,— et le nombre en est grand,— soient disposés à accepter les *billets à rentes* de préférence au nôtre, comme moyen terme, comme transition, comme capitulation, en présence des nécessités du moment, mais nous avons à leur répondre que les palliatifs endorment les crises, mais ne les résolvent pas; tenons même pour certain que la création des *billets à rentes,* ou provenant de toute autre demi-mesure analogue, serait, par elle seule, complétement impuissante pour relever ou même pour soulager tous les crédits détruits ou ébranlés sans exception.

Il n'y a d'ailleurs point de transaction possible, à l'endroit des principes. *Pour faire de la propriété immobilière un instrument de crédit,* il faut que le capital *fixe, stable,* puisse servir *en même temps* de capital actif, mobile, incessamment échangeable ; or, pour atteindre ce but, il n'y a pas deux manières de s'y prendre, il faut en faire un agent de circulation que l'on ait intérêt à faire *rouler* perpétuellement. — Ce n'est point là l'office que rempliraient *les billets à rente* ou des valeurs quelconques portant intérêt, et dont on ne se détachera jamais que le plus tard possible par la raison même qu'ils sont *productifs.*

Il y a là évidemment une incompatibilité patente. Et d'ailleurs, que parlez-vous de *billets à rente ?* Mais nous les avons déjà. — Que sont en effet les bons du trésor, si ce ne sont des *billets à rentes ?*

Vous désirez savoir ce que vous pourrez faire des *billets* hypothécaires, s'ils ne portent pas intérêt. Le choix de l'emploi ne vous manquera pas : ou bien vous les changerez contre des bons du trésor si vous voulez en faire tout à la fois une valeur disponible et productive, — ou bien vous les échangerez contre des effets publics, ce qui constituera encore dans votre portefeuille une valeur en même temps disponible et productive — ou bien vous achèterez un immeuble, et dans ce cas, vous recueillerez directement les fruits de notre combinaison, c'est-à-dire que vous posséderez un avoir qui cumulera les avantages du capital *fixe* et du capital *roulant.*

Nous le demandons à nos honorables adversaires eux-mêmes, reste-t-il encore un atome de leur objection.

Est-ce à dire pour cela que nous proscrivions les billets à rente d'une manière absolue? — Distinguons. — Nous les repoussons en tant qu'on voudrait en faire la base unique d'un système financier applicable aux nécessités du moment; — mais nous les appelons en tant qu'on les adopterait comme corollaires de la mesure que nous proposons. — Comme création isolée, ce ne serait qu'une déception. — Comme complément ou comme annexe, ce serait élargir la source du bienfait, car il en résulterait un débouché de plus pour le trop-plein quand il se manifestera ;

s'il se manifeste, car nous sommes de ceux qui pensent que l'équilibre et la pondération s'établiront d'eux-mêmes.

TROISIÈME OBJECTION.

Les hypothèques privilégiées frappant *de l'action résolutoire* tous immeubles dont le prix n'a pas été intégralement payé; — les hypothèques légales grevant, indépendamment de l'inscription les biens des maris, ceux des tuteurs et ceux des administrateurs comptables — sont, nous dit-on, des obstacles à la mise à exécution de notre projet.

Nous croyons, nous, au contraire, qu'elles en seront les auxiliaires, en ce sens qu'elles empêcheront la mise en circulation soudaine et immédiate d'une trop grande masse de capitaux, effet que quelques personnes semblent redouter. — Et c'est précisément cette considération qui nous a déterminé à ne réclamer aucun changement essentiel dans les stipulations des contrats, notamment en ce qui touche les délais de remboursement.

Du reste, la modification que dans tous les cas il s'agirait d'apporter à la législation, sous ce rapport, ne présenterait aucune difficulté sérieuse. — Il suffirait d'un simple article additionnel portant : qu'aucune hypothèque, quelle qu'elle soit, ne pourra exister et être valablement conservée qu'à la charge d'être régulièrement *inscrite*.

C'est là une amélioration qu'on sera à même d'introduire quand on croira le moment opportun.

Dans un cinquième article, nous dirons par quel point il serait possible de relier la *banque immobilière* à la banque de France, et par un résumé rapide nous déterminerons d'une manière plus précise les avantages résultant de notre système dans l'intérêt de l'Etat comme dans celui de toutes les branches d'industrie.

S. CRAPEZ.

PARIS. — IMPRIMERIE DE BOULÉ, RUE COQ-HÉRON, 5.

BANQUE NATIONALE IMMOBILIÈRE

PAR L'ÉTAT.

Extrait du journal *l'Estafette* du 7 juin (1).

Si rapide et sommaire qu'ait été notre réponse aux principales objections qui nous sont opposées, elle aura suffi, nous l'espérons, au regard de tout esprit libre, dégagé de préjugés et disposé à accepter le progrès, sous quelque forme qu'il s'introduise et quelle que soit la main qui le présente.

Mais, quant aux esprits prévenus, nous nous estimerions heureux déjà, si notre discussion avait pu seulement dissiper ce premier nuage, qui souvent ferme l'accès à l'examen et s'oppose à toute démonstration. Comment, en effet, oser se promettre de faire accepter d'emblée, en un temps de révolution, une idée qu'un souvenir révolutionnaire lui-même semble avoir frappée d'avance d'un trop juste discrédit ? Comment faire comprendre, sans des ménagemens préparés de longue main, au financier qu'il devra modifier tous ses calculs en fait de bordereaux d'escompte ; au capitaliste, qu'il devra se résigner à ne plus faire de placemens hypothécaires au-delà du taux d'intérêt de 3 pour 100 ; à l'usurier, qu'il devra renoncer à ses profits illicites ; aux hommes de routine, qu'ils doivent entrer résolument dans une voie d'innovation, lorsque les anciennes routes deviennent impraticables ?

Il faut qu'on sache que ce qui serait une témérité dans des temps ordinaires devient peut-être un acte de sagesse et de prudence dans un temps de crise et de rénovation.

Vous ne pouvez pas démocratiser les idées sans en même temps démocratiser les institutions ; qui veut la fin doit vouloir les moyens. La dif-

---

(1) Le journal *l'Estafette* compte parmi ses abonnés un grand nombre de propriétaires. Les fondateurs de la SOCIÉTÉ DES PROPRIÉTAIRES a décidé qu'il serait exclusivement chargé d'insérer les comptes-rendus de ses séances et tous ses avis.

Tout citoyen peut faire partie de la société, ou comme fondateur en versant 5 fr. une fois fait, ou comme simple sociétaire en payant 1 fr. par mois. Cet argent est exclusivement destiné à couvrir les dépenses matérielles. Les personnes de Paris ou de la province qui voudront correspondre avec la société, devront adresser leurs lettres, franches de port, à M. Tauxier, président, rue d'Arcole, 2.

Il leur sera envoyé immédiatement :

1º Une carte d'entrée;
2º Un exemplaire de la pétition,
3º L'impression des motifs et le projet de décret.

1848

ficulté, et, par conséquent, le mérite, c'est de savoir démocratiser au profit de l'ordre et du bien-être du plus grand nombre.

Que manque-t-il à la population en général ? Que manque-t-il à l'agriculture et à l'industrie pour alimenter incessamment le travail ? — Il manque le *capital*.

Eh bien ! l'institution de crédit que nous proposons , *c'est l'émancipation du capital* dans la mesure de tous les besoins populaires.

De même que les idées, *le capital* a été jusqu'ici , sinon opprimé, du moins resserré dans un cercle désormais reconnu trop étroit. Il faut une répartition de la richesse plus facile et plus large , afin que les niveaux se rapprochent; sinon vous bâtirez encore sur le sable.

Vouloir organiser *le travail* sans préalablement ou en même temps réorganiser *le crédit* , c'est manquer de logique. Le travail et le crédit sont les corollaires essentiels de notre nouveau pacte fondamental.

Ce principe une fois bien compris, franchement admis, nous venons dire *à l'Assemblée nationale* et à tous les hommes d'élite qui sont en possession de la confiance publique par la supériorité de leur raison comme par leur réputation do probité et d'intelligence : Fondez en toute sécurité et sans désemparer *la banque nationale immobilière*, car vous résolvez ainsi le grand problème qui tourmente la société depuis si longtemps, et aujourd'hui plus que jamais, celui de rendre sa richesse aussi solide qu'inépuisable *en l'asseyant sur son sol.* Toutefois, réunissez vos efforts communs, appliquez toutes vos lumières, toute votre expérience à donner à cette œuvre éminemment patriotique et populaire toute la perfection humainement possible. Faites en sorte qu'il ne soit permis à qui que ce soit de dire : *Je n'y ai point de confiance*, car les garanties que l'on nous promet peuvent devenir illusoires. *Je reste en défiance*, car les dispositions du décret ne me rassurent pas suffisamment contre une émission arbitraire !

Pour rendre impossible toute réflexion de cette nature, et afin de ne négliger aucune des précautions que la prudence conseille, pourquoi n'interpellerait-on pas la haute magistrature , la chambre des notaires , le conseil de l'ordre des avocats, la chambre de commerce et même le conseil de régence de la banque de France, à l'effet de donner leur avis sur les moyens pratiques de mettre l'exécution du décret à intervenir à l'abri de tout abus et de toute déception ?

C'est dans la question *de confiance* qu'est la véritable et la seule difficulté de la mesure. — Les moyens que nous venons d'indiquer peuvent et doivent en triompher !

Ces considérations nous conduisent à l'examen d'une question qui a été soulevée plusieurs fois au sein même de notre société : celle de savoir s'il n'y aurait pas une fusion possible entre la *banque immobilière par l'Etat* et la *banque de France.*

» Faites, nous dit-on, que la *banque de France* joigne sa haute garantie à celle de *l'Etat*, qui serait ici le prêteur universel.

» Faites que ce soit elle qui tienne les rênes de cette vaste administration, et qui lui imprime le cachet de sa sagesse et de sa forte direction.

» Faites qu'aucun billet ne puisse être émis que sous son contrôle et
» revêtu de son empreinte.

» Qu'il n'y ait entre le *billet de banque* et le *billet hypothécaire* mis
» en circulation d'autre nuance que le mot *industrie* placé au frontis-
» pice de l'un et le mot *propriété* placé au frontispice de l'autre.

» Que dès que les choses seront rentrées dans leurs voies normales
» ces deux séries de *billets monnaie* soient indistinctement échangées
» contre écus dans toutes les caisses publiques et spécialement dans tous
» les comptoirs de France, ainsi que cela se pratiquait avant la révolu-
» tion de février.

» Par ce moyen les appréhensions se calmeront, les inquiétudes se
» dissiperont et feront place à la confiance générale. »

Ce tableau est sans doute fort séduisant — ce sont là des conseils fort
sages et qui convergent vers notre but et que nous agréons de grand
cœur — mais à une condition — c'est qu'il n'y aura point de fusion dans
les intérêts ni de communauté dans les opérations.

Pourquoi cela ? parce qu'il y a *incompatibilité absolue* : 1º Entre un
établissement qui doit fonctionner, avant tout, au point de vue d'un intérêt d'actionnaires et un établissement qui devra marcher exclusivement dans des vues d'intérêt général.

2º Entre d'une part, *un ordre d'opérations* ne reposant que sur des
valeurs *conventionnelles* réalisables à termes fixes et nécessairement
fort rapprochés, soit parce que la garantie n'est que *morale*, soit parce
que la multiplicité des renouvellemens accroit les bénéfices du bailleur
de fonds. Et d'autre part, *un ordre d'engagemens* résultant d'actes au-
thentiques qui laisseront au débiteur la faculté de se libérer fractionnel-
lement et à volonté, soit parce que les garanties fournies seront *réelles*
et stables comme la propriété sur laquelle elles s'appuieront, soit parce
que les intérêts stipulés profitant au prêteur qui est l'État, celui-ci n'aura
point de motifs pour vouloir ou pour désirer son remboursement, autre-
ment que suivant les convenances de l'emprunteur, à qui l'on a spécialement en vue de venir en aide.

A ces incompatibilités radicales, ajoutons qu'un établissement privé
quelconque, faisant des opérations d'escompte toujours chanceuses de leur
nature, fût-ce la Banque de France elle-même, a toujours un côté vul-
nérable ; ce qui le prouve, c'est ce que nous venons d'avoir sous les
yeux. Supposons que l'attentat du 15 mai se fût consommé, que serait-
il resté de la Banque de France ? que lui resterait-il de son capital, même
aujourd'hui, si elle devait faire sa liquidation d'après le cours actuel de
toutes les valeurs ?

Or, de pareils dangers pourraient-ils, dans des conjonctures analogues,
menacer ou atteindre la *banque nationale immobilière* ? Evidemment
non, car notre combinaison ne met ni ne laisse dans la main de l'État,
aucune arme dont il puisse abuser. Il ne pourrait pas plus fabriquer frau-
duleusement des billets hypothécaires qui ne seraient pas la conséquence
d'un prêt sérieux et authentique, qu'il ne pourrait substituer du métal
d'étain à du métal d'argent pour faire des pièces de 5 francs !

Nous croyons néanmoins qu'il y aurait utilité et possibilité de relier l'institution de la banque immobilière à l'établissement de la Banque de France, mais sans cohésion réelle d'intérêts. Pour bien rendre notre pensée à cet égard, supposons que les billets hypothécaires fussent renfermés dans une caisse à deux clefs, dont l'une serait aux mains du ministre des finances et l'autre dans celles du gouverneur de la Banque.

Il y aurait même, à la rigueur, un autre moyen de resserrer les liens qui devront unir la *banque immobilière à la Banque de France*. Ce serait de fonder une *réserve métallique* dont la Banque aurait le dépôt et la gestion. Cette réserve, dont le chiffre serait limité, pourrait être formée à l'aide d'un prélèvement opéré sur chaque prêt, soit un pour cent par exemple, jusqu'à ce que le capital affecté à cette destination fut complété. Les intérêts et les profits à en provenir pourraient être employés d'abord à indemniser la Banque du laborieux et utile concours qu'elle prêterait à l'institution; ensuite à parer aux éventualités de pertes non prévues par le décret et subsidiairement à former des primes qui seraient tirées au sort au profit de ceux des emprunteurs sur lesquels aurait pesé la retenue.

Cette idée, toutefois, se détache de notre système : on en fera usage ou on l'abandonnera à volonté et selon l'opportunité : ce n'est de notre part qu'une indication.

CONCLUSION.

Surgira-t-il un homme d'état qui sache sauver le pays de l'anarchie et de la banqueroute? — C'est là qu'est le secret des destinées de notre belle patrie!...

En 1793, la situation financière de l'Angleterre était plus critique encore que n'est la nôtre aujourd'hui. La banque ne possédait plus en caisse que 27 millions, bien que le chiffre de ses billets en circulation fût de *trois cent cinquante-sept millions*. Mais il y avait alors à la tête du gouvernement anglais un homme de génie qui sut commander la confiance par son patriotisme non moins que par la fermeté de son caractère. — Pitt demanda résolument au parlement l'autorisation de faire une émission de billets de 25 et de 50 fr., *remboursables après la paix*.

Sur la seule foi du grand homme d'Etat, le bill fut octroyé. Des billets furent émis jusqu'en concurrence de 1,753 millions. Par cette mesure, le crédit, et avec le crédit le pays furent sauvés! — Ces billets sont remboursés depuis plusieurs années... sauf en Irlande et en Ecosse, où il en existe encore quelques-uns.

Ce qui a pu se faire et ce qui s'est fait en Angleterre par la seule volonté d'un homme d'Etat, ne pourra-t-il donc s'accomplir eu France par la puissance d'un grand principe?

La création du *crédit foncier* n'aura pas seulement la vertu de ressusciter le crédit public si profondément affecté *pour le moment*, mais encore de le consolider *pour l'avenir*.

Méconnaître cette vérité, c'est nier l'évidence. En temps ordinaire comme en temps de crise, où sont les principales ressources du pays, si ce n'est dans la *propriété?* — La *propriété* est donc la source vive et la base première de tout crédit.

En faire le principe d'une grande institution n'est pas un acte passager et de pure circonstance, c'est une œuvre de sagesse et de raison contre laquelle toutes les préventions aveugles et tous les calculs étroits de l'intérêt personnel doivent venir se briser.

Les faits manquent-ils donc pour rendre témoignage en faveur de notre système.

Faut-il dire quels sont les services que l'établissement de la banque de France a rendus au pays depuis sa création ? Est-il nécessaire d'entrer dans des calculs statistiques et de comparer ce qu'était le mouvement des échanges et des transactions il y a cinquante ans, à ce qu'il est aujourd'hui ? Or, à qui, ou plutôt à quoi sont dus d'aussi merveilleux résultats ? Ils sont dus surtout : 1º à la facilité de circulation de *la monnaie de papier* que la banque de France a pu émettre, et qu'elle répand aujourd'hui dans une proportion cinq fois plus considérable que son numéraire ; 2º au pouvoir magique *du crédit* quelle accorde ou quelle procure indirectement au commerce et à l'industrie. Ils sont dus, en un mot, à la fondation *du crédit commercial.*

Le *crédit commercial* a donc été manifestement le plus puissant véhicule de la civilisation moderne.

Y ajouter aujourd'hui le *crédit foncier,* c'est élargir l'arène, c'est rendre le champ à parcourir plus vaste et plus sûr.

Le *crédit foncier* doit être pour la France entière ce que le *crédit commercial* a été pour le département de la Seine. C'est-à-dire comme *un* est à *trente.*

Toute nouvelle aggravation d'impôt achèverait de ruiner les particuliers et serait insuffisante pour faire face aux charges nouvelles de l'Etat. Un emprunt quelconque serait irréalisable dans les conditions où se trouvent le crédit public et le crédit privé, toujours solidaires l'un de l'autre.

C'est donc à rétablir et à fortifier ce double crédit qu'il faut *avant tout* songer. Cela est nécessaire, cela est urgent, cela est possible.

De toutes les valeurs, celle qui présente le plus de stabilité et de garantie, *c'est la propriété immobilière.* Faites-en donc l'instrument le plus actif du crédit. Et surtout que le signe qui le représentera puisse circuler comme numéraire, c'est là une condition essentielle et inséparable pu principe lui-même. Toute combinaison relative à *des billets à rente* ou *portant intérêt* serait une déception. Ils ne pareraient à aucun désastre, ils ne viendraient en aide à personne, pas même à l'état, ils n'auraient ni plus ni moins d'utilité que les *bons du trésor.*

Que tout propriétaire soit toujours sûr de trouver à emprunter sous des conditions proportionnées au rapport et à la valeur de son immeuble ;

Qu'il ait la faculté de se libérer ou de rester engagé suivant que les circonstances le lui permettront ou le lui commanderont ;

Que la créance hypothécaire soit si incontestablement assise sur la propriété qu'elle lui devienne pour ainsi dire équivalente et qu'elle puisse être représentée par des *billets au porteur* non moins facilement échangeables, au besoin contre espèces que le sont les billets de la banque de France.

Alors vous aurez fait renaître le crédit et supprimé tous les dangers qui menacent en même temps la société et le gouvernement.

Quant à la question du *cours légal* elle est inhérente à tout système de monnaie nationale.

Vous craignez, dites-vous, que la surabondance d'une telle *monnaie de papier* n'amène la *dépréciation*. Mais y avez-vous bien réfléchi? La mesure portera avec elle son correctif ; en effet, quand une marchandise est trop abondante, elle diminue de prix, cela est incontestable ; mais cela veut-il dire qu'elle soit *dépréciée?* Non. L'or et l'argent sont des marchandises qui donnent lieu à des transactions considérables ; le cours du change varie selon que ces métaux sont plus ou moins rares sur la place ; quel que soit leur cours, ils ne sont point dépréciés pour cela. Il en sera de même de la *monnaie de papier hypothécaire.* Lorsque cette valeur surabondera, on la négociera au dessous du cours, c'est-à-dire au dessous du taux d'intérêt auquel l'état aura prêté ; en d'autres termes, la masse des prêts effectués se trouvant en disproportion avec le nombre ou l'importance des demandes d'emprunt, la marchandise sera offerte ; dans ce cas, les transactions qui s'opéreront auront inévitablement pour effet d'amener une plus forte extinction de billets hypothécaires, puisqu'alors ce seront des prêteurs particuliers qui se substitueront aux droits de l'état, et que la libération de ce qui sera dû à l'état impliquera la lacération d'un nombre de billets égal à la somme prêtée : d'où il suit que l'équilibre se fera de lui-même et par la seule force des choses.

Avouons-le, toutefois, le taux de l'intérêt de l'argent subira une dépression, et cette dépression refoulera forcément les capitaux vers l'agriculture, vers la propriété et vers l'industrie. — Où sera donc l'inconvénient?

Un mot maintenant sur les résultats pour le trésor de la mesure que nous proposons.

Ils seront directs et indirects; — *directs*, ils amèneront annuellement dans la caisse centrale plusieurs centaines de millions provenant de l'intérêt à percevoir sur les prêts hypothécaires ; *indirects*, en facilitant les échanges de toute nature et en ouvrant tous les canaux industriels et financiers, ils procureront au fisc, dans toutes ses ramifications, des recettes rapides et incalculables.

S. CRAPEZ.

PARIS. — IMPRIMERIE DE BOULÉ, RUE COQ-HÉRON, 3.

www.ingramcontent.com/pod-product-compliance
Lightning Source LLC
Chambersburg PA
CBHW061823060726

47597CB00008B/3333